Made in the USA
Coppell, TX
29 October 2019

10645166R00065